LE PETIT LIVRE DES

PAROLES DU PROPHÈTE MUHAMMAD

بسم الله الرحمن الرحيم

PAR LE NOM D'ALLÂH,
LE TOUT-RAYONNANT D'AMOUR,
LE TRÈS-RAYONNANT D'AMOUR

LE PETIT LIVRE DES PAROLES DU PROPHÈTE MUHAMMAD

PAROLES CHOISIES ET TRADUITES
PAR ABD EL-HAFÎD BENCHOUK

hachette

© Natalya Saprunova

Anas rapporte que le Prophète a dit :
« Dieu, Le Très-Haut a créé la rose de Sa splendeur et en a fait un parfum pour Ses Prophètes. Alors, quiconque veut contempler la splendeur de Dieu et sentir le parfum des Prophètes, qu'il observe la rose. »

Extrait de : *Nuzhat Al Majâlis* de Abd al-Rahmân Saffurî

À PROPOS DE L'AUTEUR

Abd el-Hafîd Benchouk est Muqqadam, représentant de la voie soufie Naqshbandi, dont il a suivi les enseignements auprès du grand maître soufi Cheikh Nazim Al Haqqani (1922-2014) durant vingt-cinq ans. Il donne des sagesses, une à deux fois par semaine. Il fut directeur de la Maison Soufie de 2016 à 2019. Il anime régulièrement des conférences et il a également fondé une Ferme spirituelle dans le centre de la France (Douce France), où de nombreux disciples viennent se retirer. En outre, il a étudié les sciences traditionnelles islamiques (langue arabe, fiqh*, sira**, hadith*** et tajwid****) durant dix ans auprès du Cheikh Mohammed Jamil Cherifi. Œuvrant pour le dialogue interreligieux, il est aussi représentant de la Fraternité islamique et membre du conseil d'administration des Artisans de Paix, association regroupant juifs, chrétiens, musulmans et bouddhistes. Abd el-Hafîd Benchouk est l'auteur du *Petit Livre du soufisme* et du *Petit Livre du Coran*, ainsi que d'*Une année musulmane* aux éditions Hachette.

* Jurisprudence islamique.
** Étude de la vie du prophète Muhammad.
*** Science des paroles et gestes du Prophète.
**** Étude des règles de lecture et de psalmodie du Coran.

Ce symbole sous forme de gravure symbolise la sandale du Prophète et, par extension
le fait de suivre ses pas et son enseignement.

SOMMAIRE

لقد كان لكم في رسول الله

أسوة حسنة لمن كان يرجو الله

واليوم الآخر وذكر الله كثيرا

« Vous avez certes, dans
le Messager de Dieu, un
modèle excellent pour qui met
son espoir
en Dieu et dans le Jour
ultime, et qui se rappelle
Dieu abondamment. »

Coran 33:21

محمد

AVANT-PROPOS

Les paroles et la vie du Prophète Muhammad ne sont que très peu connues en Occident. On entend souvent parler de lui, mais ce que sait le grand public sur sa vie ou ses paroles reste superficiel. Mis à part les clichés classiques de guerrier conquérant ou d'homme de chair ayant plusieurs épouses qui perdurent depuis le temps des croisades jusqu'à nos jours ! Monsieur Toulemonde ignore parfois jusqu'au fait que son prénom soit ***Muhammad*** et non Mahomet ! De son ascétisme, rien. Qui sait qu'il se retirait seul dans une grotte pour adorer Dieu ? De sa patience face aux épreuves, rien non plus. Qui sait qu'il a enduré la faim jusqu'à serrer sur son ventre des pierres pour ne pas en ressentir les douleurs ? Presque personne, en dehors de quelques cercles universitaires, ne s'interroge sur les raisons qui ont poussé et qui poussent encore de nos jours des centaines de millions de personnes à le choisir comme ***guide*** et à le considérer comme l'exemple parfait, *Al-Insân al-Kâmîl*[1], et à suivre ses enseignements dans la vie de tous les jours. Ces lacunes font que cette partie de l'humanité demeure incomprise par une autre et contribue à creuser le fossé entre les civilisations.

Malgré les événements tragiques, imputés parfois à tort, parfois à raison à des mouvances se réclamant de son enseignement mais ne l'ayant souvent pas ou peu compris, le Prophète Muhammad reste pour presque deux milliards d'êtres humains celui qui indique le meilleur chemin à suivre aussi bien dans leur rapport à la verticalité, rapport avec Dieu, que dans leur rapport à l'horizontalité, rapport avec les créatures et la création. Ses enseignements d'amour, dont le pardon, la générosité et le respect sont des expressions, continuent d'être partagés inlassablement depuis quatorze siècles. On les trouve dans les livres de hadiths, recueils consignant ses paroles et son comportement qui sont, après le Coran, la deuxième source où les musulmans puisent les connaissances ayant trait à leur foi et à leurs pratiques aussi bien religieuses que sociétales. Le Coran, Parole Divine selon les musulmans, affirme que les qualités spirituelles et morales du Prophète Muhammad sont incomparables : il est le phare à suivre pour ne pas échouer sur les rivages rocheux que longe le vaisseau dirigé par l'âme qu'est notre corps, qui sans cette lumière pourrait se perdre définitivement dans les méandres de l'Ici-bas et ne jamais atteindre son port d'attache où enfin il trouvera le repos. Son caractère est qualifié tour à tour de sublime, d'incommensurable, d'illustre, d'élevé, d'éminent, selon les différentes traductions du verset 4 de la sourate « Le Calame[2] », dont une calligraphie des quatre premiers versets se trouve ci-après. Ce verset décrivant l'être intérieur du Prophète est difficile à traduire en langue française, si bien qu'il n'existe pas de traduction totalement satisfaisante pour rendre toutes les nuances contenues dans l'expression utilisée pour le décrire. Chaque traducteur a une approche singulière selon l'écho que ses mots lui évoquent. Pour essayer de toucher du doigt cette adresse divine à l'égard du Prophète, voici trois versions :

« Et vraiment, tu es selon un caractère incomparable[3]. »

« En vérité, tu es d'une condition morale éminente[4]. »

« Tu es certes, doté de vertus extraordinaires[5]. »

Les termes qui sont traduits de manières différentes sont les deux derniers mots arabes du verset : *khuluq* et *Adhîm*. Le premier, *khuluq*, signifie en règle générale les qualités positives d'un être que nous sommes tentés de rendre par : vertus. Chaque croyant et chaque croyante souhaitent

ن والقلم وما يسطرون
ما أنت بنعمة ربك بمجنون
وإن لك لأجرا غير ممنون
وإنك لعلى خلق عظيم

acquérir ces vertus. Leur acquisition est la raison même de l'envoi par Dieu d'un prophète à l'humanité de manière générale et du Prophète Muhammad en particulier, selon le fameux hadith où il dit : « J'ai été envoyé [à vous] pour [vous apprendre] à rendre vos vertus complètes[6] » – on pourrait également traduire : « pour vous permettre d'acquérir la noblesse de caractère ». Le second terme, *Adhîm*, signifie : immense, incommensurable, que nous avons rendu par extraordinaire dans notre traduction, car dans la phrase, nous avons « presque » l'impression d'entendre la Présence Divine « s'étonner » de la grandeur et de la beauté de l'âme du Prophète !

À l'instar de l'exemple prophétique, cette recherche de perfection et de beauté dans l'accomplissement de chacune de nos actions, petites ou grandes, est appelé ***Al-Ihsân***, elle est le plus haut degré de la foi, ce qui explique que tout le monde ne peut l'atteindre mais seulement y tendre, les deux autres degrés étant ***Al-Islâm*** et ***Al-Imân***, respectivement la conformité à la volonté divine et la croyance en Dieu, en Ses Anges et en Ses Livres. Acquérir le premier ou le deuxième degré ne signifie pas forcément que le troisième degré soit atteint. C'est ce qui explique la différence de réalisation spirituelle parmi les membres d'une même communauté religieuse. Seule une étude minutieuse des hadiths permet de comprendre la personnalité complexe du Prophète dont la vie a été si dense qu'aucun aspect particulier n'a pris le dessus sur un autre, ce qui rend plus difficile sa présentation à qui n'est pas nourri de l'histoire de sa vie dès son plus jeune âge. L'avantage de cette personnalité aux multiples facettes, c'est que tout le monde peut trouver dans ses faits et gestes un exemple à suivre tellement il a été confronté à nombre de situations différentes. Dans le cadre familial, professionnel ou même politique, son exemple ne cesse de nourrir des générations d'hommes et de femmes de siècle en siècle, du sultan à l'artisan, du savant à la mère de famille, du berger à l'homme de science, en passant par le commerçant ou le derviche[7] errant ! Cette orientation vers le bien, vers le mieux dans les actes et vers Dieu dans notre être intime n'est pas propre à la religion musulmane ou à l'enseignement du Prophète de l'Islam. Elle existe dans toutes les voies spirituelles authentiques, de l'Hindouisme au Christianisme, du Taoïsme au Judaïsme, en passant par le Bouddhisme et les anciennes croyances de certains peuples dits « primitifs ». La Sagesse Divine ne cesse de s'exprimer à toutes les époques mais par des moyens divers selon les lieux et l'époque où le message se manifeste. La sagesse enseignée

جَوَادٌ عليه السلام	غَنِيٌّ عليه السلام	فَتَّاحٌ عليه السلام	طَيِّبٌ عليه السلام
خَطِيبٌ عليه السلام	فَصِيحٌ عليه السلام	سَيِّدٌ عليه السلام	قَائِدٌ عليه السلام
رَشِيدٌ عليه السلام	طٰهٰ عليه السلام	اِمَامٌ عليه السلام	نَقِيٌّ عليه السلام
بَارٌّ عليه السلام	شِفَاءٌ عليه السلام	وَاسِطٌ عليه السلام	مُتَوَسِّطٌ عليه السلام
سَابِقٌ عليه السلام	مُقْتَصِدٌ عليه السلام	حَقٌّ عليه السلام	مُبِينٌ عليه السلام
اَوَّلٌ عليه السلام	آخِرٌ عليه السلام	ظَاهِرٌ عليه السلام	شَافِعٌ عليه السلام
مُشَفَّعٌ عليه السلام	مُحَلِّلٌ عليه السلام	مُحَرِّمٌ عليه السلام	آمِرٌ عليه السلام
نَاهِي عليه السلام	شَاكِرٌ عليه السلام	شَكُورٌ عليه السلام	قَرِيبٌ عليه السلام

dans les différentes voies est toujours la même et nous apprend deux choses :

1. Comment comprendre qui nous sommes véritablement.
2. Comment vivre en harmonie avec nos frères et sœurs en Humanité.

L'intention qui va présider à ce petit ouvrage sera de présenter à travers les paroles du Prophète Muhammad, sur lui la Grâce et la Paix*, comment vivre en harmonie et dans la paix notre vie de tous les jours avec nos semblables et comment connaître notre véritable identité. Découvrir qui nous sommes et pourquoi nous avons été créés est la voie qui, d'après nous, permet d'acquérir la Paix du Cœur que tous les humains sans exception cherchent et espèrent...

Les différents corpus de hadiths utilisés ici sont principalement : Riyad as-Sâlihîn de l'imam An-Nawawî, Sahih Al Bukharî, Sahîh Muslim ou, plus exactement, l'abrégé du Sahîh Muslim de l'imam Mundhirî, et le recueil des 40 Hadith de l'imam An-Nawawî. Les références numérotées correspondent donc à ces ouvrages.

* Cette formule est consacrée chez les musulmans dès qu'il est fait mention du Prophète, en référence au verset 56 de la sourate 33.

Le premier : Riyad as-Sâlihîn est composé de hadiths puisés dans les différents recueils canoniques, les 6 principaux** et quelques autres. C'est, dit-on, l'ouvrage le plus lu dans le monde musulman après le Coran. En effet, les recueils canoniques présentent l'inconvénient d'être très volumineux, alors que dans le Riyad as-Sâlihîn est en quelque sorte un résumé de ce qui est le plus utile pour les pratiques spirituelles. Classé par sujets, il est très accessible. Son format permet aussi de le transporter plus aisément. À l'époque des copistes***, sa taille permettait de le copier plus vite afin que sa diffusion soit facilité dans tout le vaste monde musulman.

Le second, Les 40 hadiths, est un classique encore plus concis, le Ryad contenant un peu moins de 2 000 hadiths, alors que ce dernier en contient 50 fois moins, et ce afin de pouvoir les mémoriser. Les deux autres contiennent environ 7 000 à 8 000 hadiths ; le choix n'est donc pas aisé !

Dans ce petit ouvrage, nous avons sélectionné une centaine de hadiths, sur des sujets divers, que nous n'avons pas souhaité classer par thèmes pour

** Mâlik Ibn Anas (93/179), Ahmad (164/241), Al-Bukhârî (194/256), Abû Dâwûd (202/275)
Muslim (204 ou 206/261), Ibn Mâjah (209/273), At-Tirmidhî (209/279), An-Nasa'î (215/303)

*** Autrefois avant que l'imprimerie ne se généralise, il était nécessaire de faire copier entièrement à la main un ouvrage afin d'en posséder un exemplaire !

que le voyage surprenne le lecteur qui découvrira, au fur et à mesure, la richesse des sujets traités dont le Prophète tout au long de sa vie a nourri la communauté humaine. Cependant, le fil conducteur reste, au fil des pages, le désir d'aider celles et ceux qui le souhaitent à trouver des pratiques spirituelles simples à mettre en œuvre et permettant un véritablement cheminement spirituel dans le même temps.

La simplicité apparente du langage prophétique ne doit pas cacher la profondeur de ses enseignements : tout comme son frère et prédécesseur Jésus, le prophète Muhammad parlait à la fois avec simplicité et profondeur. Il appartient donc à la lectrice et au lecteur de faire une halte à chaque parole, afin de la méditer et d'essayer de la mettre en pratique au fil qui passent. Il est raconté qu'au temps du Prophète, les compagnons posèrent la question à un homme qui venait s'assoir habituellement auprès de Lui pour être enseigné mais qui semblait avoir disparu : « Pourquoi ne viens-tu plus à nos assemblées ? ». Et l'homme de répondre : « Je ne voulais pas écouter les conseils du Prophète tant que je ne pratiquais assidument ce que j'avais déjà entendu de lui ! ».

C'est donc en s'arrêtant tranquillement sur chaque parole que les secrets qui en découlent nous apparaîtront, et que, peut-être, alors, nous serons nourris de l'amour Divin à travers l'amour des paroles et des actes du Prophète, sur lui la Grâce et la Paix

Dis : « Si vous aimez Allâh, alors suivez-moi : Allâh vous aimera et couvrira vos manquements. » Allâh, est Pardonneur, et Rayonnant d'Amour. Coran 3/31

Les différents thèmes traités dans l'ouvrage sont les suivants :
La sincérité, l'excellence, la concentration, la sagesse, les dons divins, les belles actions, la recherche intérieure, le détachement du monde, la justice, la réalisation spirituelle, le pardon divin, la piété filiale, le rayonnement d'amour divin, la charité, le respect inconditionnel de la vie, les liens de voisinage, le bon caractère, la patience, l'humilité, l'altruisme, la générosité, la pudeur, la paix du cœur, l'hospitalité, la foi, le contentement, la connaissance de soi, la gratitude, la continence, la mort, l'au-delà, les songes, la politesse, le bel agir, la bienséance, l'invocation de Dieu.

La Lumière muhammadienne contenue dans les enseignements universels qui vont suivre n'a d'autre but que de nous connecter avec la Lumière Divine qui est en chacun d'entre nous, mais que les activités mondaines et l'égoïsme intrinsèque à la nature terrestre de l'homme nous font oublier, agissant comme un voile de cécité. Ainsi l'être humain a besoin de rappels afin de garder l'espoir et de ne jamais oublier que la Lumière et la Beauté de Dieu n'ont jamais cessé de briller en lui. Tout comme le voyageur qui se rend compte qu'au-dessus des nuages, le Soleil n'a jamais cessé de briller. Ce Soleil réchauffe la Terre des hommes et, mêlé à l'eau du Ciel et à la Terre-Mère, nous prodigue fruits et légumes, douceur et chaleur, afin de nous permettre de vivre en paix dans ce monde et dans l'Autre. Recevoir les dons de sagesse dans notre âme fera de nous des Artisans de Paix ou des Serviteurs du Tout-Rayonnant d'Amour.

Les adorateurs du Tout-Rayonnant d'Amour sont ceux qui marchent humblement sur la Terre, et lorsque les ignorants les interpellent disent : « Paix Salâm[8] ! »

Nous vous souhaitons que votre séjour en ce monde vous permette de cheminer sereinement vers votre Origine qui n'est autre que la Présence Divine.

LE DERNIER PROPHÈTE...

La place éminente du Prophète auprès des musulmans est aussi due à sa fonction de sceau de la Prophétie. Selon le Coran, Dieu envoie à chaque époque et à chaque peuple[9] un prophète chargé de rappeler aux êtres humains leur origine divine et leur dignité de représentants de la Présence Divine. Afin de garder cette dignité, selon l'enseignement traditionnel aux premiers temps du cycle présent, il n'était pas nécessaire de leur envoyer une loi pour les guider car ils étaient encore si proches de leur origine céleste que, naturellement, ils revenaient à la pratique des nobles caractères, un simple rappel (la Prière sur le Prophète) leur suffisait pour que la conscience de l'Éternité resurgisse en eux. Mais, au fur et à mesure de la descente du cycle et de leur éloignement de l'Origine, le rappel devint de plus en plus nécessaire si bien que les prophètes durent apporter une législation pour graver dans la pierre les pratiques louables et bien montrer aux humains ce qui les éloignerait de leur véritable nature. C'est ainsi que des Prophètes comme Noé, Abraham, Moïse ou Jésus, sur eux la Paix, furent envoyés.

La tradition musulmane rapporte que les Prophètes entre Adam et Muhammad furent au nombre de 124 000, dont 313 seulement vinrent avec une législation. Les différences dans les lois sont souvent visibles sur des éléments extérieurs, mais le fond de la doctrine s'agissant de la connaissance métaphysique est toujours la même. En résumé, Dieu est éternel et possède le pouvoir de donner la vie, l'âme humaine n'est sur Terre que de passage, et son état posthume dépend de ses actes ici-bas. Tous les Prophètes des traditions antérieures sont reconnus par les musulmans, et le dernier envoyé pour la fin du cycle est le Prophète Muhammad. Depuis son époque, aucun Prophète révélant une religion majeure n'est apparu...

« Muhammad n'est le père d'aucun de vos hommes, mais il est le Messager d'Allâh et le Sceau des Prophètes. Allâh de toute chose Se révèle Savant. »
Coran 33:40.

مَا كَانَ مُحَمَّدٌ أَبَا أَحَدٍ مِّن رِّجَالِكُمْ وَلَٰكِن
رَّسُولَ اللَّهِ وَخَاتَمَ النَّبِيِّينَ ۗ
وَكَانَ اللَّهُ بِكُلِّ شَيْءٍ عَلِيمًا

BRÈVE BIOGRAPHIE DU PROPHÈTE

« La sincérité est la clef du Salut[10]. »
Le Prophète Muhammad naît en 570 en Arabie, dans la ville multimillénaire de La Mecque, au sein de l'une des familles de la noblesse locale. Son père Abd Allâh meurt quelques semaines avant sa naissance, et sa mère quitte ce monde alors que l'enfant n'a que trois ans. Orphelin, il est pris sous l'aile protectrice de son grand-père, Abd el-Muttalib, homme respecté par toutes les tribus environnantes.
La Mecque est déjà à l'époque un centre de pèlerinage très visité. Cependant, les idoles disposées autour du temple ont pris la place du Culte du Dieu unique, instauré par Abraham plusieurs siècles auparavant. Le clan auquel appartient le Prophète, les Quraysh, ont la charge de la gestion des lieux et de l'organisation des rites en raison de leur rang dans la société mecquoise. Ils sont considérés comme des seigneurs en raison de leur ascendance. Leur arbre généalogique remonte jusqu'au Prophète Ismaël, fils du Prophète Abraham, aimé par les adeptes des trois religions monothéistes.

Anges autour de la Kaaba à la naissance du Prophète Muhammad (miniature du livre de Sufti Abdullah, 1595, musée Topkapi, Istanbul, Turquie).

Muhammad se marie à l'âge de vingt-cinq ans avec Khadija, une veuve qui est de quinze ans son aînée. Il s'occupe de son commerce pendant un certain nombre d'années. Sa réputation d'homme digne de confiance est reconnue de tous et sa droiture est citée en exemple. Sa sincérité profonde l'empêche de se vouer au paganisme. Issu d'une famille de Hanif[11] où la conscience de la Présence Divine n'a pas été pervertie par le culte des idoles, il aime à se retirer de temps à autre pour méditer.

C'est vers l'âge de quarante ans que la Révélation du Coran est faite à Muhammad par l'Ange Gabriel alors qu'il est en retraite dans la grotte de Hira, située en haut du Jabal al-Nour, le mont de la Lumière. Il est surpris par cette visite suprahumaine, et son épouse est son premier soutien. Elle a eu en effet la confirmation de la véracité de la mission qui est confiée à son époux, en consultant un vieux moine nestorien, son cousin Waraqa, qui possède la connaissance des Écritures : il lui a assuré qu'un Envoyé Divin apparaîtra et que son époux possède bien les caractéristiques décrites dans les manuscrits. La Révélation a lieu pendant le mois de Ramadan, d'abord de manière synthétique, puis les versets sont dispensés au fil des circonstances comme une pluie d'étoiles[12] durant les vingt-trois années qui vont suivre : d'abord pendant treize années à La Mecque, dans le secret et l'adversité du fait de la forte opposition des notables mecquois voyant dans son message une remise en cause de leurs privilèges ; puis pendant dix années à Médine, où Muhammad s'installe à la suite de son hégire en 622. La population l'accueille à cœur ouvert.

À partir de ce moment, il détiendra à la fois l'autorité spirituelle que ses disciples lui reconnaissaient déjà à La Mecque et il deviendra aussi l'homme chargé du pouvoir temporel. Il aura la fonction, entre autres, de régler les différends entre les communautés qui vivent dans et autour de l'oasis de Yathrib, il établira une constitution[13] afin que les différences de foi soient respectées des uns et des autres. C'est donc au titre de « Prêtre-Roi » qu'il s'installe dans la ville, qui prendra par la suite comme nom *Madinat-Annabi*, la Ville du Prophète, qui donnera Médine. Elle est appelée aussi *Al Madinah al-Munawwarah*, la Ville Illuminée, sous-entendu illuminée par la Présence du Prophète, sur lui la Grâce et la Paix.

En 632, Muhammad quitte ce monde à Médine qui devient la deuxième ville sainte de l'Islam après La Mecque et devant Jérusalem, considérée comme la troisième ville sainte par les musulmans.

Il est inhumé dans le lieu qui a été sa maison et sa mosquée, sous le Dôme Vert qui est visité chaque année par des millions de pèlerins du monde entier. Ils viennent boire à cette source qui ne cesse de dispenser ses sagesses et sa lumière pour les cœurs qui ont soif de Paix, d'Amour et d'Éternité ! Le sanctuaire renfermant sa tombe est l'endroit où repose son corps avec certitude, ce qui fait du Prophète Muhammad, sur lui la Grâce et la Paix, la personne disparue la plus visitée au monde ! Environ 14 millions de visiteurs en 2023 se sont rendus à Médine[14] pour honorer son nom et sa mémoire...

Tout musulman entendant prononcer le nom du Prophète Muhammad, dans une attitude respectueuse, se doit de prononcer une formule de salutation qui signifie: sur lui la Grâce et la Paix Divine !
Par souci de fluidifier la lecture aux néophytes, nous ne l'avons pas écrite de manière systématique, laissant à chacun le soin de la prononcer en son for intérieur, s'il le souhaite.

صلى الله عليه وسلم

PAROLES

D'après Abû Hurayra, le Prophète a dit :

« J'ai été envoyé avec
la Somme de Paroles...
Je fus assisté dans ma mission
par la crainte révérencielle,
puis lorsque je dormais, je
me suis vu remettre les clés
des trésors de la Terre puis
je vis qu'on les déposait au
creux de mes mains. »

Sahîh al-Boukhârî, n° 7 273.

La somme des paroles ou parole synthétique signifie que les paroles qu'il prononçait pouvait être comprises à différents niveaux selon les degrés avancement spirituel des auditeurs, chacun y puisant selon ses capacités.

Il est rapporté de la part du Prince des Croyants, 'Umar ibn al-Khatâb : j'ai entendu l'Envoyé de Dieu dire :

« Certes, les actes n'ont de valeur qu'en fonction des intentions et ce n'est que selon celles-ci que chacun sera rétribué...

Celui qui aura émigré pour Allâh et pour Son Envoyé, son émigration lui sera comptée comme étant pour Allâh et pour Son Envoyé. Et celui qui aura émigré pour acquérir des biens de ce monde ou encore dans le but d'épouser une femme, son émigration ne lui sera comptée que pour ce vers quoi il a émigré. »

Les Quarante Hadiths d'An-Nawawî, hadith n° 1, rapporté par Muslîm et Boukhârî.

Les actes
ne valent que
par l'intention.

Abû Ruqaya Tamîm rapporte que le Prophète, sur lui la Grâce et la Paix, a dit :

« “La vie spirituelle est basée sur la sincérité dans le conseil.” »
Nous demandâmes pour qui ? Il répondit : “Pour Dieu, pour Son Livre, pour Son Envoyé, et pour les guides des Musulmans et pour l'ensemble de la communauté mulsumane.” »

Les Quarante Hadiths d'An-Nawawî, hadith n° 7, rapporté par Muslîm.

Sayyidina al-Hassan dit : J'ai gardé en moi cette parole de l'Envoyé d'Allâh :

« Éloigne-toi de tout ce qui provoque le doute en toi vers ce qui ne suscite en toi aucun doute. »

Les Quarante Hadiths d'An-Nawawî, hadith n° 11, rapporté par Tirmidhî et Nasa'i.

Abû Hurayra rapporte que l'Envoyé d'Allâh a dit :

« Parmi les actes d'excellence en Islam, il y a le fait pour une personne d'éviter de se mêler de ce qui ne la regarde pas. »

Les Quarante Hadiths d'An-Nawawî, hadith n° 12, rapporté par Tirmidhî.

Anas ibn Malik, le serviteur de l'Envoyé de Dieu, rapporte que le Prophète a dit :

« Aucun d'entre vous ne sera véritablement croyant tant qu'il n'aimera pas pour son frère ce qu'il aime pour lui-même. »

Les Quarante Hadiths d'An-Nawawî, hadith n° 13, rapporté par Boukhârî et Muslîm.

Abû Hurayra rapporte que l'Envoyé de Dieu, sur lui la Grâce et la Paix, a dit :

« Que celui qui croit en Dieu et au Jour Dernier, qu'il parle en bien ou qu'il se taise !

Et que celui qui croit en Dieu et au Jour Dernier, alors qu'il honore son voisin.

Et que celui qui croit en Dieu et au Jour Dernier, alors qu'il fasse preuve de générosité envers son invité ! »

Les Quarante Hadiths d'An-Nawawî, hadith n° 15, rapporté par Boukhârî et Muslîm.

Dis du bien.
Honore ton voisin.
Sois généreux.

Abû Hurayra rapporte ceci :

« Une fois, un homme
dit au Prophète :
“Donne-moi un conseil !”
“Ne te mets pas en
colère !” lui répondit-il.
Puis, à plusieurs reprises,
il répéta sa demande, et le
Prophète
ne cessa de répondre
à chaque fois :
“Ne te mets pas en colère !” »

Les Quarante Hadiths d'An-Nawawî, hadith n° 16,
rapporté par Boukhârî.

Ne te mets pas en colère !

Abû Dharr et Mu'adh rapportent que l'Envoyé de Dieu a dit :

« Gardez Dieu à l'esprit où que vous soyez et quoi que vous fassiez, puis faites suivre la mauvaise action par une bonne action, elle l'effacera, et enfin dans vos rapports avec les gens n'usez que de belles manières ! »

Les Quarante Hadiths d'An-Nawawî, hadith n° 18, rapporté par Tirmidhî.

الله

Ibn Abbas rapporte ceci : Un jour, alors que j'étais en selle assis derrière le Prophète, s'adressant à moi, il me dit :

« Ô, jeune homme ! je vais t'apprendre
quelques paroles de sagesse.
Préserve Dieu en ton cœur,
Il te préservera. Si tu Le gardes toujours
présent, tu Le trouveras près de toi.
Si tu demandes une chose, demande-la
à Dieu. Si tu as besoin d'aide, adresse-toi
à Dieu. Et sache que si la communauté
entière se réunissait pour te faire profiter
d'une chose, leur aide ne te serait
d'aucune utilité sauf si Dieu l'a inscrite
comme telle pour toi. Et si tous les gens
se réunissaient pour te nuire, leur mal ne
pourrait te toucher sauf si Dieu l'a décrété
à ton encontre. Les calames sont rangés
et l'encre des pages est déjà sèche. »

Les Quarante Hadiths d'An-Nawawî, hadith n° 19, rapporté par Tirmidhî.

Préserve Dieu
en ton cœur,

Il te préservera.

Si tu Le gardes
toujours présent,
tu Le trouveras
près de toi.

Abû Dharr rapporte que des gens parmi les compagnons de l'Envoyé de Dieu le questionnaient sur l'aumône, et il leur dit :

« "Recommander le bien est une aumône, interdire le mal est une aumône, et la rencontre intime des époux est aussi une aumône."
Ils dirent alors : "Ô, Envoyé de Dieu, est-ce que le fait d'assouvir nos désirs peut être sujet à rétribution ?"
"Voyez-vous, répondit le Prophète, si quelqu'un dirigeait son désir vers l'interdit, ne commettrait-il pas un péché ? De même, lorsqu'on fait l'amour de façon licite, alors on reçoit une récompense." »

Les Quarante Hadiths d'An-Nawawî, hadith n° 25, rapporté par Muslîm.

Abû Hurayra rapporte qu'il a entendu l'Envoyé d'Allâh dire :

« Pour chacune de leurs articulations, les gens se doivent de verser une aumône, et ce, en chaque jour où le soleil se lève. Réconcilier deux personnes est une aumône. Lorsque tu aides une personne à monter sur son animal ou que tu l'aides à porter ses bagages, c'est une aumône.
Une parole agréable est une aumône, et chaque pas que tu effectues pour te rendre à la prière est compté comme une aumône. Enlever un obstacle du chemin d'autrui est également compté comme une aumône. »

Les Quarante Hadiths d'An-Nawawî, hadith n° 25, rapporté par Muslîm.

Réconcilier deux personnes est une aumône.

Wâbiça rapporte que le Prophète, sur lui la Grâce et la Paix, lui a dit :

« “Es-tu venu me poser des questions au sujet du bien ?” Je lui dis : “Oui, c’est exact !” “Consulte ton cœur !” me répondit-il !

“Le bien, c’est ce qui procure à la fois, à ton âme la paix et à ton cœur la sérénité. Et le péché est ce qui rend mal à l’aise ton âme et qui sème le trouble en ton for intérieur, et cela, en dépit de tous les avis que les gens te donneraient…” »

Les Quarante Hadiths d’An-Nawawî, hadith n° 27, rapporté par Ahmad et Dârimî.

Consulte ton cœur !

Sahl rapporte qu'un homme vint auprès du Prophète et lui demanda :

« "Ô Envoyé de Dieu, montre-moi des actes, que si je les accomplis, Dieu m'aimera et les gens m'aimeront."
Le Prophète lui répondit :
"Sois détaché de ce monde, alors Dieu t'aimera.
Sois détaché envers ce que les gens possèdent, alors les gens t'aimeront." »

Les Quarante Hadiths d'An-Nawawî, hadith n° 31, rapporté par Ibn Mâjah.

Sois détaché de
ce monde, alors
Dieu t'aimera.

Sois détaché envers
ce que les gens
possèdent, alors les
gens t'aimeront.

Abû Saïd al-Khudrî rapporte que le Prophète a dit :

« Ne faites pas de mal
et ne rendez pas un
mal par un mal. »

Les Quarante Hadiths d'An-Nawawî, hadith n° 32, rapporté par Ibn Mâjah, Mâlik et Dârqutnî.

Ibn Abbas rapporte que le Prophète a dit :

« Si on donnait aux gens ce qu'ils demandent, certaines personnes iraient jusqu'à demander les biens et la vie d'autrui sans raison ! En cas de désaccord, celui qui demande doit fournir une preuve et celui qui récuse se doit de témoigner sous la foi du serment. »

Les Quarante Hadiths d'An-Nawawî, hadith n° 33, rapporté par Bayhaqî.

Abû Saïd al-Khudrî rapporte qu'il a entendu le Prophète dire :

« Que celui d'entre vous qui est témoin d'un mal ou d'une injustice, qu'il les redresse de sa main ; s'il n'en a pas le pouvoir, qu'il le fasse au moyen de sa langue ; s'il ne le peut non plus, qu'il les réprouve en son cœur ; et ceci est le minimum qu'il puisse faire s'il a véritablement la foi. »

Les Quarante Hadiths d'An-Nawawî, hadith n° 34, rapporté par Muslîm.

Ibn Abbas dit que le Prophète, sur lui la Grâce et la Paix, a rapporté cette parole de la part de Son Seigneur :

« “C’est Dieu qui tient le compte des bonnes comme des mauvaises œuvres.” Puis Il l’a expliqué ainsi : “Quiconque a l’intention de faire une bonne action et qu’il ne peut la faire, Dieu lui compte comme une bonne action accomplie. S’il a l’intention de la faire et qu’il l’accomplit, alors Dieu la lui compte comme dix à sept cents bonnes actions, et il peut la multiplier davantage encore. Mais s’il a l’intention d’accomplir une mauvaise chose et qu’il ne la fait pas, Dieu la lui compte, auprès de Lui, comme une bonne action accomplie. Enfin s’il pense à l’accomplir et qu’il l’accomplit effectivement, Dieu la lui compte comme une seule mauvaise action.” »

Les Quarante Hadiths d’An-Nawawî, hadith n° 34, rapporté par Boukhârî et Muslîm.

Abû Hurayra dit que le Prophète, sur lui la Grâce et la Paix, a rapporté cette parole de la part de Son Seigneur :

« Quiconque fait du mal à un de Mes Proches****, Je lui déclare la guerre !

Mon serviteur ne se rapprochera pas de moi par quelque chose de plus aimé à mes yeux que ce que Je lui ai rendu obligatoire et Mon serviteur ne cesse de se rapprocher de Moi par des œuvres surérogatoires jusqu'à ce que Je l'aime. Et si Je l'aime, Je serai son ouïe avec laquelle il entend, et sa vue par laquelle il voit, et sa main par laquelle il saisit, mais aussi les pieds avec lesquels il marche ; s'il Me demande quoi que ce soit, certes Je lui accorderai ; s'il cherche protection auprès de Moi, certes, Je le protégerai. »

Les Quarante Hadiths d'An-Nawawî, hadith n° 38, rapporté par Boukhârî.

Le mot utilisé est *wâlî*, au pluriel *awliyas*, qui signifie dans le langage courant « saints », «amis de Dieu».

**** Le mot utilisé est *wâlî*, au pluriel *awliyas*, qui signifie dans le langage courant « saints », «amis de Dieu».

Un taureau rendant hommage à Mevlana, miniature ottomane tirée des Mémoires de Mevlana Rumi (Les étoiles brillantes des récits de vie légendaires) par Sevakib-I Menakib, Turquie, XVIe siècle.

Ibn Umar rapporte qu'un jour : L'Envoyé de Dieu, sur lui la Grâce et la Paix, me prenant par l'épaule, me dit :

« Sois dans ce monde comme si tu étais un étranger ou quelqu'un de passage !

Lorsque qu'arrive le soir, n'attends rien du lendemain matin, et si tu parviens au petit matin, n'attends rien non plus du soir qui arrive.

Tant que tu es en bonne santé, agis avant que la maladie ne survienne, et fais bon usage de la vie qui t'est prêtée avant que la mort ne t'assaille. »

Les Quarante Hadiths d'An-Nawawî, hadith n° 40, rapporté par Boukhârî.

Fais bon usage
de la vie.

Anas rapporte qu'il a entendu le Prophète dire cette parole de la part de Son Seigneur :

« Dieu le Très-Haut a dit :
"Ô enfant d'Adam, tant que
tu M'invoques et espères en Moi,
Je t'accorderai Mon pardon quoi
que tu aies fait, cela me sera égal.
Ô enfant d'Adam, si tes péchés
atteignaient le plus haut des Cieux,
et qu'ensuite tu Me demandes de
couvrir tes fautes, Je les couvrirais.
Ô enfant d'Adam, si tu venais
à Moi avec autant de péchés que
la Terre peut en contenir
et qu'ensuite tu viennes à Moi sans
rien M'associer, Je t'accorderais un
pardon équivalent à tes fautes." »

Les Quarante Hadiths d'An-Nawawî, hadith n° 42, rapporté par Tirmidhî.

Abû Hurayra rapporte qu'un homme est venu trouver l'Envoyé de Dieu et lui a demandé :

« "Ô Envoyé de Dieu, quelle est la personne la plus en droit de recevoir le meilleur de mes attentions ?" Il lui répondit : "Ta mère." "Puis, ensuite qui ?" Il lui répondit à nouveau : "Ta mère." "Et ensuite, qui ?" Il lui répondit encore : "Ta mère." "Et ensuite qui ?" Il lui répondit : "Ton père". »

Sahîh al-Boukhârî, n° 5 971.

وَقُل رَّبِّ

ارْحَمْهُمَا

كَمَا رَبَّيَانِي صَغِيرًا

Et dis : « Mon Enseigneur, fais rayonner Ton Amour sur eux comme ils l'ont fait en m'élevant tout petit ! »

Coran 17/24

Ibn 'Umar rapporte que l'Envoyé de Dieu a raconté l'histoire suivante :

« Alors que trois hommes cheminaient ensemble, ils furent surpris par une averse ; ils se dirigèrent alors vers une grotte de la montagne afin de se protéger, quand soudain un rocher se détacha de la montagne et vint occulter l'ouverture de la caverne, les empêchant de sortir. Ils se dirent les uns aux autres : "Réfléchissons aux meilleurs des actes que nous avons accomplis pour l'amour de Dieu. Nous allons invoquer Dieu au nom de ces actes, peut-être nous délivrera-t-Il..."

Alors, l'un d'eux dit : "Ô mon Dieu ! J'avais mes deux parents qui étaient deux vieillards âgés, et j'avais également de jeunes enfants en bas âge. Je gardais pour eux le troupeau qui nous nourrissait.

Quand je revenais le soir ayant trait les brebis, je commençais toujours à donner à boire à mes parents avant de servir mes enfants. Un jour, j'emmenais le troupeau dans une zone éloigné, la nuit était déjà tombée lorsque je revins et trouvai mes parents endormis. J'effectuai la traite comme à mon habitude, puis j'apportai le lait et je restai près de leurs têtes, faisant attention à ne pas les réveiller, et je ne me résignai pas à donner à boire à mes enfants avant eux, et les petits ne cessaient de se tordre de faim à mes pieds, mais malgré cela, je restai ainsi jusqu'à l'aube. Si Tu sais, Ô mon Dieu, que j'ai fait cela par amour de Ton noble visage, écarte ce rocher afin que nous puissions voir le ciel." Alors, Dieu fit bouger le rocher et ils purent voir un morceau de ciel.

Alors, le deuxième dit, prenant la parole à son tour : "Ô mon Dieu ! J'avais une cousine paternelle, je l'aimais autant qu'un homme puisse aimer une femme et je lui demandai de s'offrir à moi, elle refusa à condition que je puisse lui offrir cent dinars. Alors, je me mis en besogne jusqu'à réunir les cent dinars. Je partis à sa rencontre possédant ladite somme. Au moment où je me trouvai sur elle, elle me dit :
'Ô serviteur de Dieu, crains Dieu ! N'ouvre pas le sceau !' Je me levai aussitôt. Si Tu sais,

Ô mon Dieu, que j'ai fait cela par amour de Ton noble visage, écarte ce rocher pour nous." Dieu écarta encore un peu le rocher.

Alors, le dernier dit à son tour : "Ô mon Dieu ! J'avais loué les services d'un ouvrier contre une certaine quantité de riz. Après avoir achevé son travail, s'adressant à moi, il me dit : 'Donne-moi mon droit.' Je lui proposais ce qui lui était dû mais il le laissa et il disparut. J'ai alors planté et replanté son riz et avec les récoltes, j'ai acheté des vaches et embauché un berger. Un jour, l'ouvrier réapparut et me dit : 'Crains Dieu ! Ne sois pas injuste et donne-moi mon droit.' Je lui dis : 'Va et prends ces vaches et ce berger.' 'Crains Dieu ! me dit-il à nouveau, et ne te moque pas de moi.' Je lui répondis : 'Je ne me moque pas de toi, prends ces vaches et le berger.' Il finit par accepter et les emmena avec lui. Si Tu sais, Ô mon Dieu que j'ai fait cela par amour de Ton noble visage, écarte pour nous ce qu'il reste du rocher." Dieu, alors, libéra complètement le rocher et les libéra... »

Sahîh al-Boukhârî, n° 5 974.

Abû Sufyân rapporte que l'empereur Héraclius l'a interrogé sur le Prophète en ces termes :

« Que vous ordonne-t-il ?
Je lui répondis : "Il nous ordonne, de prier, de donner l'aumône, d'être chastes et de garder de bonnes relations avec nos proches." »

Sahîh al-Boukhârî, n° 5 980.

Jubayr ibn Mut'im rapporte qu'il a entendu le Prophète dire :

« Ne peut entrer au Paradis celui qui coupe les liens de parenté. »

Sahîh al-Boukhârî, n° 5 984.

Abû Hurayra, que Dieu l'agrée, rapporte qu'il a entendu l'Envoyé de Dieu dire :

« Celui qui souhaite voir ses moyens de subsistances s'élargir et le temps de sa vie prolongé, qu'il maintienne les liens de parenté vivaces. »

Sahîh al-Boukhârî, n° 5 985.

Abû Hurayra rapporte que le Prophète, sur lui la Grâce et la Paix, a dit :

« Le mot : liens de parenté*
est issu du nom de Dieu :
le tout Rayonnant d'Amour**.
Dieu s'adressant aux liens
de parenté dit : "Celui qui vivifie
ses liens avec vous, Je vivifie
mes liens avec lui et celui qui
se coupe d'avec vous,
Je me coupe d'avec lui." »

Sahîh al-Boukhârî, n° 5 988.

* En arabe : *al-Rahim*.

** En arabe : *al-Rahmân*.

Aïsha, l'épouse du Prophète, raconte qu'un jour :

« Une femme est venue à moi,
accompagnée de ses deux filles,
elle me demanda l'aumône.
Il n'y avait chez moi qu'une seule
et unique datte ! Je la lui tendis.
Elle la partagea entre ses deux
filles, puis elle se leva et sortit. Sur
ce, le Prophète entra. Je l'informai
de ce qui venait de se passer.

Il me dit alors : "Si quiconque
s'occupe avec soin de ses filles
en toutes choses et ne cesse
d'être bon envers elles, elles seront
pour lui un voile de protection
contre le Feu de l'Enfer." »

Sahîh al-Boukhârî, n° 5 995.

Abû Hurayra dit qu'il a entendu l'Envoyé de Dieu dire ceci :

« Dieu a partagé Son Rayonnement d'Amour* en cent parties ; il en a gardé auprès de Lui quatre-vingt-dix-neuf parties puis fait descendre une seule partie sur la Terre. C'est du Rayonnement d'Amour contenu dans cette partie que tous les êtres usent de bonté les uns avec les autres, au point que la jument éloigne de son petit ses sabots de crainte de lui faire mal. »

Sahîh al-Boukhârî, n° 6 000.

* En arabe : *al-Rahmâh.*

me de la mosquée de Nasir al-Mulk (mosquée rose), Shiraz, Iran.

NAVY

Sahl ibn Sa'd rapporte qu'il a entendu le Prophète dire :

« "Moi et celui qui s'est occupé d'un orphelin, au Paradis, nous serons ainsi." Il dit cela en liant ses deux doigts : l'index et le médium. »

Sahîh al-Boukhârî, n° 6 005.

Safwân ibn Sulaym rapporte que le Prophète a dit :

« Celui qui prendra soin
de la femme veuve ou
du pauvre aura la même
récompense que
celui qui passe ses journées
en jeûne et ses nuits
en prières. »

Sahîh al-Boukhârî, n° 6 006.

squée dans l'Atlas, près d'Ouarzazate, Maroc.

Abû Hurayra rapporte que le Prophète, sur lui la Grâce et la Paix, raconte cette histoire :

« Une fois, un homme faisant chemin
éprouva au bout d'un moment,
une grande soif. Se trouvant près
d'un puits, il décida de descendre
à l'intérieur, là il s'abreuva jusqu'à
étancher sa soif.
Il ressortit du puits, quand lui
apparut un chien haletant,
le museau dans la terre cherchant de
quoi étancher sa soif. L'homme se dit
à lui-même, ce chien est
en train d'endurer la même chose
que ce que j'ai moi-même enduré
à cause de la soif. Il redescendit alors
dans le puits, il remplit
sa chaussure d'eau, la tenant
avec sa bouche afin de remonter.

Une fois sorti, il donna à boire au pauvre chien. Dieu, dit le Prophète, lui témoigna Sa reconnaissance et lui octroya Son pardon.

Les personnes présentes demandèrent : "Ô Envoyé de Dieu, serons-nous récompensés pour notre comportement envers les animaux ?" Il répondit : "Oui, bien sûr, pour tout bon comportement envers toutes créatures vivantes*, il y aura une récompense." »

Sahîh al-Boukhârî, n° 6 009.

* Littéralement : tout ce qui possède un « foie tendre », expression signifiant « doué de vie » chez les Arabes.

Anas ibn Mâlik rapporte que le Prophète a dit :

« Qui que ce soit aura planté une plante ou un arbre, dont se nourrit un être humain ou un animal, cela lui sera compté comme une aumône. »

Sahîh al-Boukhârî, n° 6 012.

Jarir ibn Abdallâh rapporte qu'il a entendu le Prophète dire :

« Celui qui ne fait pas preuve de bonté envers les êtres, celui-là se sera privé de la bonté divine. »

Sahîh al-Boukhârî, n° 6 013.

Toutes créatures
vivantes ont droit
au respect.

Sayyida 'Aïsha, que Dieu l'agrée, rapporte que le Prophète a dit :

« Gabriel n'a cessé de me faire des recommandations envers le voisin, au point que j'ai imaginé qu'il allait finir par entrer dans la catégorie des héritiers. »

Sahîh al-Boukhârî, n° 6 014.

Abû Mûsâ, qui tient cela de son père, qui tient cela de son grand-père, rapporte que le Prophète, sur lui la Grâce et la Paix, a dit :

« "Il incombe à tout musulman de donner l'aumône." Les personnes présentes demandèrent : "Mais s'il ne trouve rien à donner ?" Le Prophète répondit : "Alors, qu'il travaille de ses mains afin d'être utile à lui-même et qu'il puisse faire l'aumône." Ils dirent à leur tour : "Et s'il n'en a pas la capacité ou qu'il ne le fasse pas ?" Le prophète rétorqua : "Alors, qu'il aide ceux qui sont dans le besoin." Ils dirent à nouveau : "Et s'il ne le fait pas ?" Le Prophète dit : "Alors, qu'il encourage les gens à faire le bien." Ils demandèrent à nouveau : "Et s'il ne le fait pas ?" Le Prophète dit alors : "Qu'il s'abstienne de faire quelque mal que ce soit, cela sera pour lui l'équivalent d'une aumône." »

Sahîh al-Boukhârî, n° 6 022.

Masrûq rapporte ceci : Nous étions assis avec Abdallah ibn Amr qui nous relatait des dires et des faits au sujet de l'Envoyé de Dieu :

« Je n'ai jamais vu ou entendu de la part du Prophète aucune grossièreté ni dans ses paroles ni dans ses gestes, en outre, il ne cessait de nous dire : "Les meilleurs d'entre vous sont ceux qui font preuve d'excellence dans leur caractère." »

Sahîh al-Boukhârî, n° 6 035.

Ibn al-Munkadir dit : J'ai entendu Jâbir, que Dieu l'agrée, qui rapportait ceci :

« Quand il lui était demandé quelque chose, je n'ai jamais entendu le Prophète répondre même une seule fois : non ! »

Sahîh al-Boukhârî, n° 6 034.

Un compagnon rapporte qu'Anas, que Dieu l'agrée, nous a raconté :

« J'ai été au service du Prophète, sur lui la Grâce et la Paix, durant dix années, il ne m'a jamais dit : "Ouf !" Ni non plus : "Pourquoi tu as fait telle chose ?" Ou : "Pourquoi tu n'as pas fait telle chose ?" »

Sahîh al-Boukhârî, n° 6 038.

Il est relaté d'après 'Abdallâh ibn Zam'a que :

« Il nous a été interdit par
le Prophète, sur lui la Grâce
et la Paix, de rire d'une
personne
au sujet des bruits émis
par nos orifices naturels. »

Sahîh al-Boukhârî, n° 6 042.

D'après Abû Hurayra, le Prophète a dit :

« Méfiez-vous des idées suspicieuses, car la suspicion est le plus mensonger des discours. Ne vous espionnez pas les uns les autres. Ne vous enviez pas les uns les autres. Ne passez pas votre temps à vous fâcher les uns avec les autres, et ne vous détestez pas non plus. Soyez des serviteurs de Dieu, frères les uns des autres. »

Sahîh al-Boukhârî, n° 6 064.

Hâritha ibn Wahb rapporte que le Prophète a dit :

« Voulez-vous que je vous
parle des gens du Paradis ?
C'est toute personne faible et
modeste ; si elle jure par Dieu,
Dieu réalisera son serment !
Souhaitez-vous que
je vous informe au sujet
des gensde l'Enfer ? C'est
une personneà la fois dure,
grossière et arrogante. »

Sahîh al-Boukhârî, n° 6 071.

Abû Ayyûb al-Ansâri, que Dieu l'agrée, rapporte que l'Envoyé de Dieu, sur lui la Grâce et la Paix, a dit :

« Il n'est pas licite à un homme de s'éloigner de son frère au-delà d'une période de trois nuits consécutives. Au-delà, ils doivent se rencontrer, chacun allant à la recherche de l'autre. Le meilleur d'entre eux sera celui qui a salué l'autre en premier. »

Sahîh al-Boukhârî, n° 6 077.

« S'éloigner » ici signifie « se disputer ».

Va à la recherche
de l’autre.

Abû Hurayra, que Dieu l'agrée, raconte l'histoire suivante :

« Un jour, un homme est venu voir le Prophète, sur lui la Grâce et la Paix, et lui a dit : "J'ai pêché ! J'ai eu des rapports avec mon épouse durant le mois de Ramadan." Le Prophète lui dit : "Affranchis un esclave !" L'homme répondit : "Je n'en ai pas !" Le Prophète lui dit : "Alors, jeûne deux mois consécutifs." L'homme rétorqua : "Je n'en ai pas la force !" Le Prophète reprit : "Alors, nourris soixante pauvres !" L'homme répondit : "Mais je n'ai pas les moyens !"

À ce moment quelqu'un apporta au Prophète une corbeille de dattes. Le Prophète dit alors : "Où est l'homme qui me posait des questions ?" L'homme se présenta au Prophète qui lui dit en lui tendant la corbeille : "Offre ceci en aumône." L'homme questionna à nouveau disant : "Dois-je le donner à plus pauvre que moi ? Par Dieu ! Il n'y a pas dans cette ville une famille plus pauvre que la nôtre." Le Prophète se mit alors à rire d'une telle manière que ses molaires apparurent et il lui dit : "Alors prends la corbeille et garde-la pour ta famille." »

Sahîh al-Boukhârî, n° 6 087.

Jarîr rapporte ceci :

« Depuis le jour où j'ai embrassé l'Islam, j'ai remarqué que le Prophète n'a jamais refusé de me recevoir et je ne l'ai jamais croisé sans qu'il ne m'offre son sourire. »

Sahîh al-Boukhârî, n° 6 089.

Anas ibn Mâlik raconte ceci :

« Un jour, je marchais avec l'Envoyé de Dieu, sur lui la Grâce et la Paix, qui portait sur ses épaules un manteau de Najran dont la bordure était assez épaisse.
Un Bédouin l'accosta d'une manière si rude, le tirant violemment parson vêtement, que j'aperçus le haut de son épaule marqué des traces de la bordure tant il avait tiré dessus avec force. L'homme s'adressant au Prophète dit :
"Ô Muhammad, ordonne que l'on me donne une partie des biens de Dieu qui sont en ta possession."
Se tournant vers lui, le Prophète se mit à rire et il ordonna qu'on lui donne quelque chose. »

Sahîh al-Boukhârî, n° 6 088.

Sayyida Aïsha, que Dieu l'agrée, rapporte ceci :

« Je n'ai jamais vu le Prophète rire au point de voir le fond de sa gorge. La plupart du temps, il ne faisait que sourire. »

Sahîh al-Boukhârî, n° 6 092.

Abû Sa'id al-Khudrî raconte ceci :

« Le Prophète, sur lui la Grâce et la Paix, avait plus de pudeur qu'une jeune fille vierge dans sa propre chambre. S'il voyait quelque chose de déplaisant, cela apparaissait immédiatement sur son visage. »

Sahîh al-Boukhârî, n° 6 102.

Abû Mas'ûd, que Dieu l'agrée, rapporte ceci :

« Un jour, un homme est venu vers le Prophète et lui a dit : "Je ne vais pas à la prière du matin en ce moment, à cause d'un tel qui la fait durer trop longtemps pour nous." Jamais, en aucun autre jour, je n'avais vu l'Envoyé de Dieu autant en colère durant son sermon. Il s'exprima ainsi : "Ô gens ! Il y en a parmi vous qui repoussent les gens. Prenez garde ! Celui qui guide la prière avec d'autres fidèles, qu'il allège la prière, car il y a peut-être parmi vous des malades, des personnes âgés ou des gens qui ont besoin de vaquer à leurs occupations." »

Sahîh al-Boukhârî, n° 6 110.

'Imrân ibn Husayn rapporte qu'il a entendu le Prophète dire :

« De la pudeur ne peut sortir que du bien. »

Sahîh al-Boukhârî, n° 6 117.

'Abdallâh ibn 'Umar, Dieu les agrée tous deux* lui et son père, raconte ceci :

« Un jour, le Prophète passa auprès d'un homme qui était en train de sermonner son frère au sujet de la pudeur, lui disant : "Tu es timide au point que l'on a l'impression que quelqu'un te fait du mal." Alors, l'Envoyé de Dieu lui dit : "Laisse-le tranquille car la pudeur fait partie de la foi." »

Sahîh al-Boukhârî, n° 6 118.

* C'est-à-dire Abdallah et son père Umar car *ibn* signifie « fils de ».

Sayyida Aïsha, que Dieu l'agrée, rapporte ceci :

« Je n'ai jamais vu l'Envoyé de Dieu, quand il avait le choix entre deux solutions, ne choisir autre chose que la solution la plus facile, du moment bien sûr que cela n'était pas illicite. Si c'était une chose illicite, personne ne s'en éloignait plus que lui.

Et jamais l'Envoyé de Dieu ne prit vengeance pour une chose qui touchait son individualité. »

Sahîh al-Boukhârî, n° 6 126.

Anas ibn Mâlik rapporte que le Prophète a dit :

« Rendez les choses faciles et ne les rendez pas difficiles. Sachez tranquilliser et ne soyez pas de ceux qui effraient. »

Sahîh al-Boukhârî, n° 6 125.

Abû Shurayh al-Ka'bi rapporte que l'Envoyé de Dieu a dit :

« Que celui qui croit en Dieu et au Jour dernier honore son hôte, et qu'il le traite avec égard un jour et une nuit. L'hospitalité est un devoir pendant trois jours. Au-delà de trois jours, c'est une aumône. Et il n'est pas permis que l'hôte s'impose au point de gêner les gens de la maison. »

Sahîh al-Boukhârî, n° 6 135.

Abû Hurayra a rapporté ceci :

« Dieu possède quatre-vingt-dix-neuf noms, cent moins un. Toute personne qui les retiendra sera en droit de rentrer au Paradis. Et Lui, Dieu, est Impair et Il aime l'impair. »

Sahîh al-Boukhârî, n° 6 410.

Ibn 'Abbâs, que Dieu les agrée lui et son père, rapporte que le Prophète, sur lui la Grâce et la Paix, a dit :

« Il y a deux bienfaits dont les gens ne tirent pas assez avantage : ce sont la santé et le temps libre. »

Sahîh al-Boukhârî, n° 6 412.

'Abdallâh ibn Mas'ûd raconte que le Prophète, sur lui la Grâce et la Paix, a demandé à une assemblée :

« "Lequel d'entre vous préférerait les biens de son héritier à ses propres biens ?" Ils répondirent : "Ô Envoyé de Dieu, pas un seul d'entre nous, bien sûr, nous préférons tous nos propres biens !" "Eh bien sachez, que vos véritables biens sont ceux que vous dépensez et que tout ce que vous gardez précieusement sont les biens de vos héritiers." »

Sahîh al-Boukhârî, n° 6 442.

Sayyida Aïsha, que Dieu l'agrée, rapporte la chose suivante :

« Il se passait parfois un mois entier sans que le feu ne soit allumé dans notre maison, durant ces périodes nous n'avions que des dattes et de l'eau pour nous nourrir sauf quand quelqu'un nous apportait un petit peu de viande. »

Sahîh al-Boukhârî, n° 6 458.

Abû Salama rapporte que Sayyida Aïsha, que Dieu l'agrée, a rapporté ceci :

« Quelqu'un a demandé au Prophète : "Quelles sont les actions les plus aimées de Dieu ?" Il répondit : "Celles qui sont faites avec constance, même s'il s'agit de peu." Et il ajouta : "Chargez-vous seulement en fonction de vos capacités à porter." »

Sahîh al-Boukhârî, n° 6 465.

Abû Sa'id rapporte que le Prophète a dit :

« Il n'y a pas de meilleur
et de plus large don qui ne vous
soit offert que la patience. »

Sahîh al-Boukhârî, n° 6 470.

Al-Mughira ibn Shu'ba rapporte ceci :

« Le Prophète accomplissait tant de prières que ses pieds finissaient par être totalement gonflés. Et quand on le lui faisait remarquer, il répondait : "Ne serais-je pas un serviteur reconnaissant ?" »

Sahîh al-Boukhârî, n° 6 471.

Sahl ibn Sa'd rapporte que l'Envoyé de Dieu a dit :

« La personne qui préserve ce qui se trouve entre ses deux mâchoires et ce qui se trouve entre ses deux jambes, alors je lui garantis le Paradis. »

Sahîh al-Boukhârî, n° 6 474.

Abd Allâh ibn Mas'ûd a rapporté ceci :

« L'Envoyé de Dieu avait dormi
sur une natte. Lorsqu'il s'est
levé, son flanc était tout marqué
des traces que la natte y avait
laissées.
Nous lui dîmes : "Ô Envoyé
de Dieu, nous aurions
dû te ramener de quoi
matelasser ta couche".
Il nous répondit : "Qu'ai-je donc
à voir avec ce monde ?
Je ne suis dans ce monde
que comme
un cavalier qui se repose à
l'ombre d'un arbre, se lève et
puis s'en va,
laissant le monde derrière lui." »

Riyâd as-Sâlihîn, n° 486.

Abû Hurayra rapporte que l'Envoyé de Dieu a dit :

« La nourriture de deux personnes suffit à trois, et la nourriture de trois personnes peut sustenter quatre personnes...

Sahîh Muslim, n° 1310.

بسم الله الرحمن الرحيم
محمد
الله
عمر
ابو بكر
علي
عثمان
وفتح قريب
وانك لعلى خلق عظيم
محمد رسول الله
لا اله الا الله

Abd Allâh ibn Mughaffal raconte ceci :

« Un jour, un homme a dit au Prophète : "Ô Envoyé de Dieu, je jure par Dieu que je t'aime."
Le Prophète lui dit : "Réfléchis bien à ce que tu viens de dire !"
L'homme dit à nouveau : "Je jure par Dieu que je t'aime", et il le répéta par trois fois.
Le Prophète reprit alors : "Si tu m'aimes, pare-toi d'une armure pour te protéger de la pauvreté, car la pauvreté est plus rapide à atteindre celui qui m'aime que ne l'est un ruisseau à se jeter dans une rivière." »

Riyâd as-Sâlihîn, n° 484.

Jâbir raconte ceci :

« Un jour, l'Envoyé de Dieu était dans
un marché avec une foule autour de lui.
En passant, Il vit un chevreau mort avec des
petites oreilles. Il l'attrapa par une oreille
et dit : "Qui souhaiterait que cette bête soit
à lui pour un dirham ?" Ils dirent : "Nous n'en
voudrions pas même gratuitement, à quoi
peut-il donc nous servir de l'acheter ?"

Le Prophète répéta à nouveau :
"L'un d'entre vous souhaite-t-il l'acheter ?"
Ils dirent : "Par Dieu, s'il était vivant,
il ne vaudrait pas grand-chose à cause
de la déformation de ses oreilles, mais mort,
il n'a pas la moindre valeur."
Le Prophète dit alors : "J'en jure par Dieu
que ce monde a moins de valeur aux yeux
de Dieu que ceci n'en a pour vous." »

Riyâd as-Sâlihîn, n° 464.

Anas rapporte qu'il a entendu l'Envoyé de Dieu dire :

« Il y a trois choses qui accompagnent celui qui meurt : sa famille, ses biens et ses œuvres… Parmi elles deux reviennent et une seule reste avec lui. Sa famille et sa position sociale s'en retournent, et il ne reste près de l'âme du mort que ses œuvres qui l'accompagneront dans l'au-delà. »

Riyâd as-Sâlihîn, n° 461.

Abû Hurayra rapporte que l'Envoyé de Dieu a dit :

« Même si je possédais une quantité d'or aussi grande que la montagne d'Uhud*, rien ne me rendrait plus heureux que trois jours plus tard il ne m'en reste plus une seule once sauf de quoi payer une dette. »

Riyâd as-Sâlihîn, n° 466.

* Montagne des environs de Médine.

Abû Hurayra rapporte que le prophète a dit :

« N'a pas remercié Dieu
la personne qui ne
manifeste pas sa gratitude
envers les gens. »

Tirmidhî, n° 1 954, *Sahîh Abû Dawûd*, n° 4 811.

Et selon une autre version :

Abû Saïd al-Khudrî rapporte que le prophète a dit :

« La personne qui ne montre
pas sa gratitude envers les
gens en les remerciant pour
un bienfait, cette personne
n'a pas remercié Dieu
comme il le faudrait. »

Tirmidhî, n° 1 955, *Ahmad*, n° 11 280.

'Abd Allâh ibn Salâm rapporte qu'il a entendu l'Envoyé de Dieu dire :

« Ô Gens, souhaitez-vous la paix,
Nourrissez le pauvre et l'indigent,
Vivifiez les liens avec tout parent
Priez alors que dorment les gens
Au Paradis avec paix, vous entrerez. »

Riyâd as-Sâlihîn, n° 849.

Abû Hurayra rapporte que l'Envoyé de Dieu a dit :

« Vous n'entrerez au Paradis que lorsque vous aurez mis en œuvre la foi, mais vous ne l'aurez mise en œuvre que lorsque vous vous aimerez les uns les autres. Voulez-vous que je vous montre une action que si vous l'accomplissiez l'amour serait présent entre vous ? Répandez la paix entre vous… »

Sahih Muslim n° 42.

Al-Bara ibn 'Azib rapporte ceci :

« Il nous a été ordonné par l'Envoyé de Dieu de visiter le malade, d'assister aux funérailles, de souhaiter le bien à celui qui éternue, d'aider celui qui jure d'accomplir sa promesse, de venir en aide à l'opprimé, de répondre à l'invitation de la personne qui nous aura invités et de saluer les gens en leur souhaitant la Paix. »

Riyâd as-Sâlihîn, n° 894.

السَّلَامُ

Abû Hurayra rapporte que l'Envoyé de Dieu a dit :

« La Présence Divine s'exprimera ainsi au Jour de la résurrection s'adressant à l'être humain : "Ô fils d'Adam, J'étais malade et tu ne M'as pas visité." Il répondra : "Ô Seigneur, comment Te visiter, alors que Tu es le Seigneur des mondes ?" Le Seigneur dit : "Ne sais-tu pas que Mon serviteur Untel était malade et que tu ne l'as pas visité et que, si tu l'avais visité, tu M'aurais trouvé auprès de lui ?" "Ô fils d'Adam, Je t'ai demandé de la nourriture et tu ne M'as pas nourri." L'humain dira : "Ô Seigneur comment puis-je Te nourrir, alors que Toi, Tu es le Seigneur des mondes ?" Dieu dira alors : "Ne te souviens-tu pas que Mon serviteur Untel t'a demandé de la nourriture et que tu ne la lui as pas offerte ! Si tu la lui avais accordée, tu aurais trouvé cela auprès de Moi."

Dieu dira encore : "Ô fils d'Adam, Je t'ai demandé d'étancher ma soif et tu ne M'as pas donné à boire." L'être humain répliquera : "Mais comment te donner à boire, alors que Tu es le Seigneur des mondes ?" Et Dieu de dire : "Mon serviteur Untel t'a demandé d'étancher sa soif et tu as refusé de lui donner à boire. Ne sais-tu pas que si tu lui avais donné à boire, tu aurais trouvé cela auprès de Moi ?" »

Riyâd as-Sâlihîn, n° 896.

Abû Hurayra rapporte que l'Envoyé de Dieu a dit :

« Celui qui est sur une
monture se doit de saluer
celui qui marche,
Et celui-ci qui marche se doit
de saluer celui qui est assis.
Le petit groupe se doit
de saluer un groupe
plus nombreux,
Et le plus jeune doit
le salut au plus âgé. »

Riyâd as-Sâlihîn, n° 857.

Abû Hurayra rapporte que l'Envoyé de Dieu a dit :

« Si l'un d'entre vous rencontre son frère, qu'il lui souhaite la paix.
Si quelque chose s'interpose entre eux au cours du chemin, que ce soit un arbre, un mur ou un rocher, quand ils se rencontrent à nouveau, qu'il lui souhaite à nouveau la paix. »

Riyâd as-Sâlihîn, n° 860.

Abû Said al-Khudrî rapporte qu'il a entendu le Prophète dire :

« Si l'un d'entre vous voit un songe qui lui a été agréable, c'est que ce songe vient de Dieu. Qu'il remercie Dieu dans ce cas et qu'il raconte ce rêve, mais qu'il ne le raconte qu'à ceux qu'il aime. »

« Et s'il voit quelque chose de contraire et que c'est un rêve détestable, c'est que cela vient de Satan. Qu'il demande, dans ce cas, la protection de Dieu contre ce qu'il a vu et qu'il ne le raconte absolument à personne ; alors aucun mal n'en découlera. »

Riyâd as-Sâlihîn, n° 841.

Siyavush raconte son cauchemar à Farangis, *Shahnama* (Livre des rois) de Shah Tahmasp, vers 1525-1530 (Tabriz, Iran).

Amr ibn Shuaïb rapporte que son père lui a dit ce que son grand-père lui avait dit après que l'Envoyé de Dieu lui eut dit :

« Il n'est pas licite
à une personne de s'assoir
entre deux personnes
sauf si elle leur a demandé
la permission. »

Riyâd as-Sâlihîn, n° 829.

Ab Allâh Ibn Umar rapporte du Prophète, qu'il a dit, alors qu'il était sur le minbar parlant de l'aumône et de la réserve à observer dans les demandes :

« La main supérieure est meilleure que la main inférieure, la main supérieure, c'est celle qui donne et la main inférieure, c'est celle qui reçoit. »

Sahih Muslim, n° 560.

Kilda ibn al-Hanbal raconte la chose suivante :

« Un jour, je suis allé rendre visite au Prophète, sur lui la Grâce et la Paix, et je suis entré chez lui sans effectuer le salut de paix. Le Prophète me dit alors : Retourne sur tes pas et dis : Que la paix soit sur vous, est-ce que je peux entrer ? »

Riyâd as-Sâlihîn, n° 873.

Salmân al-Fârisî rapporte que l'Envoyé de Dieu a dit :

« Aucune personne ne procédera au grand lavage rituel du jour du vendredi, ne se sera purifiée autant qu'elle le pourra, ne se passera du parfum sur le corps, puis sortira de manière à ne pas avoir besoin de séparer deux personnes pour s'assoir, puis accomplira la prière tout en gardant le silence pendant que l'imâm parlera, sans que ne lui soit pardonné tout péché commis entre ce vendredi et le vendredi précédent. »

Riyâd as-Sâlihîn, n° 828.

Ibn Umar rapporte que l'Envoyé de Dieu a dit :

« Qu'aucun d'entre vous
ne fasse se lever une personne
pour ensuite s'assoir à sa place.
Élargissez plutôt vos cercles
afin que chacun puisse
s'assoir en étant à l'aise. »

Riyâd as-Sâlihîn, n° 825.

Hudhayfa raconte ceci :

« J'ai constaté que, lorsque le Prophète se préparait à dormir la nuit tombée, il mettait sa main sous sa joue et il disait alors : "Ô mon Dieu, c'est par Ton nom que je meurs et c'est par Ton nom que je vis."
Et quand il s'éveillait de son sommeil, il disait : "Louange à Dieu, qui est celui qui nous a fait revivre après nous avoir fait mourir. Et c'est vers Lui que doit s'accomplir le Grand Retour." »

Riyâd as-Sâlihîn, n° 817.

Abû Mûsâ al-Ash'arî rapporte que l'Envoyé de Dieu a dit :

« Il n'est pas permis aux hommes de ma communauté de porter des vêtements de soie et de se parer de bijoux en or, cela est cependant tout à fait convenable pour les dames. »

Riyâd as-Sâlihîn, n° 808.

Abd Allâh Ibn Mas'ud rapporte que l'Envoyé de Dieu a dit :

Ne pourra entrer au paradis, celui qui a dans son cœur, ne serait-ce qu'un grain d'orgueil. Un homme demanda : « si quelqu'un aime m'apporter de beaux vêtements et de belles sandales ? » Le Prophète, sur lui la grâce et la paix, répondit : « Certes, Dieu est beau, il aime la beauté. »

Sahîh Muslim, n° 54.

Hudhayfa rapporte ceci :

« Le Prophète nous a demandé de ne pas boire ni de manger dans de la vaisselle d'or ou d'argent. Il nous a également défendu de porter des habits faits de soie ou de brocart, et de nous assoir sur des tapis en soie. »

Riyâd as-Sâlihîn, n° 809.

Ubayd Allah al-Ansârî rapporte que l'Envoyé de Dieu a dit :

« Celui qui se lève le matin
en sécurité parmi les siens,
dont la santé habite son corps
et possédant de quoi se nourrir
en ce jour, c'est comme si toute
la richesse du monde
lui était offerte. »

Riyâd as-Sâlihîn, n° 511.

Abd Allâh ibn Amr ibn al-As rapporte que l'Envoyé de Dieu a dit :

« La réussite appartient à celui qui est en conformité avec l'Ordre Divin, qui ne possède pas plus que le nécessaire et qui se satisfait de ce que Dieu lui a donné. »

Riyâd as-Sâlihîn, n° 512, *Sahîh Muslîm*, n° 1 054.

Abû Karima rapporte qu'il a entendu l'Envoyé de Dieu dire :

« Aucun être humain n'a jamais rempli de pire contenant que son estomac. Il suffit au fils d'Adam de quelques bouchées pour être en forme ! S'il n'arrive pas à s'en contenter, qu'il remplisse son estomac pour un tiers de nourriture, pour un tiers de liquides et qu'il laisse le dernier tiers vide afin de pouvoir respirer aisément. »

Riyâd as-Sâlihîn, n° 516.

Abû Hurayra rapporte de l'Envoyé de Dieu :

« Dieu a dit :
"Je suis tel que Mon serviteur s'imagine que Je suis.
Et Je suis avec lui dès qu'il Me mentionne. Par Allâh, Allâh est bien plus heureux du repentir de Son serviteur que l'un de vous lorsqu'il retrouve sa monture alors qu'il l'a perdue dans le désert.
Celui qui s'approche de Moi d'un empan, Je Me rapproche de lui d'une coudée, lorsqu'il se rapproche de Moi d'une coudée, Je Me rapproche de lui davantage et s'il vient à Moi en marchant, Je viens vers lui en trottant !" »

Riyâd as-Sâlihîn, n° 440.

naret de la mosquée de Samarra, Irak.

Abû Hurayra rapporte que le Prophète a dit :

« Il y en a sept que Dieu couvrira de Son ombre le Jour où il n'y aura pas d'autre ombre que Son ombre : un dirigeant juste ; un homme jeune qui a grandi dans l'adoration de Dieu ; un homme ayant le cœur attaché aux mosquées ; deux personnes qui s'aiment pour Dieu, se réunissent pour Lui et se séparent pour Lui ; un homme qui est séduit par une femme noble et belle et qui lui répond : "Je suis de ceux qui craignent Dieu" ; une personne qui fait l'aumône de façon si discrète au point que sa main gauche ne sait pas ce que donne sa main droite ; et une personne qui, dans la solitude, invoque Dieu au point que des larmes jaillissent de ses yeux. »

Riyâd as-Sâlihîn, n° 449.

Ibn ‘Abbâs rapporte qu’il a entendu le Prophète dire :

« Si les enfants d’Adam possédaient deux vallées entières remplies de richesses, ils en voudraient une troisième ; seule la Terre* est à même de remplir le ventre des fils d’Adam afin que leurs envies cessent.

Allâh acceptera le repentir envers ceux qui se repentent. »

Sahîh al-Boukhârî, n° 6 436.

* La terre de la tombe.

Abû Hurayra rapporte que le Prophète a dit :

« Ne considérez pas la richesse
comme le fait de posséder
de nombreux biens ;
mais la véritable richesse,
c'est la richesse de l'âme. »

Sahîh al-Boukhârî, n° 6 446.

هذا رسم گل حضرت محمد عليه السلام
محمد
صلى الله عليه وسلم
ابو بكر
عمر
عثمان
على
طلحه
زبير
عبد الله
عبد الرحمن
حسن
حسين
رضوان الله تعالى عليهم اجمعين

D'après Abû Hurayra, le Prophète a dit :

« Le jour où Dieu créa l'Univers, Il écrit auprès de Lui sur son trône, les paroles suivantes : "Le Rayonnement de Mon Amour devancera toujours la manifestation de Ma colère !" »

Sahîh al-Boukhârî, n° 7 453.

D'aprés Abu Hurayrah, le Prophète, a dit la foi comprend soixante-dix branches dont la plus élevée est la parole :

« Il n'y a pas de divinité si ce n'est Allâh, et la plus humble d'entre elles, consiste à dégager un obstacle du chemin d'autrui...Et la pudeur est aussi une des branches de la foi ! »

Sunan Al Nasaï, n° 5005.

Abû Mûsâ Al-Asharî rapporte que le Prophète a dit :

« Celui qui invoque son seigneur, et celui qui ne l'invoque pas sont à l'exemple du vivant et du mort. »

Et dans une autre version :

« La maison de celui qui invoque Allâh en son sein et la maison de celui où n'est pas invoqué Allâh sont à l'exemple du vivant et du mort. »

Riyâd as-Sâlihîn, n° 1434.

Jâbir rapporte qu'il a entendu l'Envoyé de Dieu dire :

« La meilleure des invocations est de dire : La ilaha illa Allâh, Il n'est point de divinité si ce n'est Dieu. »

Riyâd as-Sâlihîn, n° 449.

D'après Abû Hurayra, le Prophète a dit :

« Il n'est pas un groupe de personnes qui ne s'assoient pour invoquer Allâh, sans qu'ils ne soient entourés par les anges, que le Rayonnement de l'Amour Divin ne les couvre et que la Grande Paix ne descende sur eux, et qu'Allâh ne les évoque auprès de ceux [parmi les anges] qui sont avec Lui. »

Riyâd as-Sâlihîn, n° 1448.

« Certes, Dieu et Ses anges prient sur le Prophète. O vous qui croyez, priez sur lui et adressez-lui vos salutations. »
Coran 33/56

Anas ibn Mâlik rapporte que le Prophète, sur lui la Grâce et la Paix, a dit:

« Quiconque prie pour moi une seule prière, Dieu priera pour lui dix fois, et dix péchés lui seront effacés, et il sera élevé de dix degrés »
An-Nasa'î 3/50

« Ô Mon Dieu, répands Tes bénédictions et Ta Paix sur notre Prophète Muhammad, sur lui la paix. Une prière perpétuelle et qui s'offre à lui, tant que les nuits s'écoulent et en toute l'Éternité... »
Invocation originale en arabe composée par Sheikh Nâzim Al Haqqanî (21 avril 1922- 7 mai 2014)

وَحْدَهُ لَا شَرِيكَ لَهُ مُحَمَّدٌ رَسُولُ اللّٰهِ حَقًّا

اَللّٰهُمَّ صَلِّ عَلَى سَيِّدِنَا مُحَمَّدٍ كُلَّمَا ذَكَرَهُ الذَّاكِرُونَ

وَصَلِّ عَلَى سَيِّدِنَا مُحَمَّدٍ كُلَّمَا غَفَلَ عَنْ ذِكْرِكَ

الْغَافِلُونَ اَللّٰهُمَّ اَرِنَا الْحَقَّ حَقًّا وَارْزُقْنَا

اتِّبَاعَهُ وَاَرِنَا الْبَاطِلَ بَاطِلًا وَارْزُقْنَا اجْتِنَابَهُ

تَوَفَّنَا مُسْلِمِينَ اَللّٰهُمَّ اشْرَحْ صُدُورَنَا

اَللّٰهُمَّ يَسِّرْ اُمُورَنَا اَللّٰهُمَّ يَا خَفِيَّ الْاَلْطَافِ

نَجِّنَا مِمَّا نَخَافُ بِرَحْمَتِكَ يَا اَرْحَمَ الرَّاحِمِينَ

وَالْحَمْدُ لِلّٰهِ رَبِّ الْعَالَمِينَ

هذا الدعا
دعاء [illegible]

بسم

DÉDICACE

Nous souhaitons offrir ce travail à notre regretté maître, Mawlana Sheikh Nazim qui sut si bien incarner l'exemple prophétique dans ses gestes et dans ses paroles, dans ses sourires et dans ses silences. Sa rencontre nous a ouvert des horizons si grands et si beaux que tout éloge en serait trop limitatif... Mais à la suite de ce qu'il a su éveiller en nous, c'est aussi chaque personne qui a croisé notre chemin que nous voulons remercier sincèrement, même si nos routes ne se sont croisées qu'un jour ou un instant ! Chacun, chacune a apporté ce qui, aujourd'hui, nous permet d'être conscient des bienfaits que chaque rencontre apporte sur le chemin vers Dieu. Nous souhaitons aussi remercier Anne pour sa confiance et sa bienveillance, merci à toi Federico d'avoir cru en nous et à toi, Dida, d'avoir toujours été là dans la patience... Merci à tous mes frères et sœurs de la Maison Soufie pour leur amour, leur respect et leur précieux soutien ! Et notre ultime invocation est :
« À Allâh la Louange, l'Enseigneur des êtres de l'Univers ! »*

* Coran 10/10

NOTES DES PAGES INTRODUCTIVES

1 Al-Insân al-Kâmîl : l'Homme Parfait ou l'Homme Universel. Il est celui qui réalise à la fois la servitude parfaite à l'égard de Dieu et la lieutenance ou la gouvernance idéale vis-à-vis de la création dans la Paix et la Justice inspirées par Dieu.
2 Elle est placée en 68e position.
3 Traduction de Maurice Gloton.
4 Traduction de Régis Blachère.
5 Traduction personnelle.
6 Hadith rapporté par Ahmad et Boukhârî.
7 Le derviche est le pauvre en Dieu, qui est parfois associé à l'image du gyrovague qui chemine à travers le monde à la recherche de Dieu sans s'occuper du monde et de ses soucis.
8 Coran 25:63.
9 Coran 14:4.
10 Parole attribuée au Prophète An-Najatu fi-Sidq que l'on peut aussi traduire par : « la réussite est dans la sincérité » ou « la sauvegarde est dans la sincérité ».

11 Ce mot contient le sens de pureté et de primordialité, il est notamment utilisé pour qualifier la foi d'Abraham : « Abraham n'était ni juif ni chrétien, mais c'était un croyant originel, un de Ceux-qui-se-soumettent. Il n'était absolument pas un associant » (Coran 3:67 mais également 2:135, 3:95, 4:125, 6:79 et 161, 16:120 et 123).

12 Munjiman.

13 La Constitution de Médine serait la plus ancienne et la première écrite au monde. Elle est aussi appelée Charte de Médine.

14 Travel and Tour World, 24 octobre 2024 : www.travelandtourworld.fr/news/article/madinah-sees-unprecedented-tourism-growth-as-14-million-visitors-arrive-in-2023/

CRÉDITS ICONOGRAPHIQUES

1 : Shutterstock/Hadi Hmidani ; 2 : iStock/Imane ; 4 : Natalya Saprunova ; 6 : BnF Essentiels ; 8 : Abdulhak Hadžimejlić ; 10 : Gettyimages/Khaled Ladjimi ; 14 : Abdulhak Hadžimejlić ; 17 : iStock/Yamko ; 23 : Shutterstock ; 25 : Shutterstock/Skill Surface Graphics ; 26 : Shutterstock ; 28 : Gettyimages/GraphicaArtis ; 31 : Shutterstock/Hadi Hmidani ; 37 : Gettyimages/Berk Ucak ; 41 : Natalya Saprunova ; 47 : iStock/gofotograf ; 51 : Alamy/World History Archive ; 63 : Gettyimages/DEA PICTURE LIBRARY ; 67 : Alamy/Godong ; 69 : iStock/Ibrahim Jabarin ; 79 : Gettyimages/frentusha ; 80 : Alamy/Nick Ledger ; 83 : Gettyimages/@Didier Marti ; 86 : Alamy/Mark Eveleigh ; 91 : iStock/Nurgul Yasar Kizilboga ; 95 : Alamy/piemags ; 105 : Alamy/Godong ; 111 : Gettyimages/Historical Picture Archive ; 115 : Natalya Saprunova ; 117 : Gettyimages/Universal History Archive ; 128 : Alamy/Volgi archive ; 137 : Shutterstock ; 143 : Gettyimages/Sepia Times ; 157 : Gettyimages/UCG ; 161 : Gettyimages/Pictures from History ; 170 : iStock/amko.

DU MÊME AUTEUR AUX ÉDITIONS HACHETTE

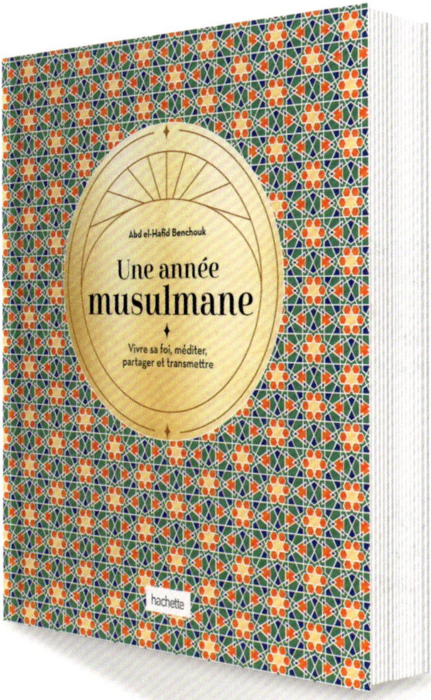

Une année musulmane

Le Petit livre du Coran

Le Petit livre du soufisme

ET AUSSI

Journal du Ramadan

58 rue Jean-Bleuzen, 92170, Vanves, France

Direction Hachette Pratique : Catherine Saunier-Talec
Directrice de projets éditoriaux : Anne Le Meur
Responsable artistique : Carla Dalvy
Conception graphique et mise en pages :
Stéphanie Aguado
Révision : Marie-Gabrielle Houriez
Gravure : Nord Compo (Villeneuve-d'Ascq)
Fabrication : Amélie Latsch et Marine Milac
Partenariats : Dana Lichiardopol
(dlichiardopol@hachette-livre.fr)
Contact : webpratique@hachette-livre.fr

Imprimé en Chine par M Paper en juin 2025
Dépôt légal : septembre 2025
86-0546-3
ISBN : 978-2-01-723398-5/01

L'éditeur utilise des papiers composés de fibres naturelles, renouvelables, recyclables et fabriquées à partir de bois issus de forêts qui adoptent un système d'aménagement durable. L'éditeur attend également de ses fournisseurs de papier qu'ils s'inscrivent dans une démarche de certification environnementale reconnue.